Schule - məktəp	2
Reise - səyəxət	5
Transport - transport	8
Stadt - şəhər	10
Landschaft - tirə-yün	14
Restaurant - restoran	17
Supermarkt - supermarket	20
Getränke - eçemleklər	22
Essen - azıq	23
Bauernhof - çeftlek	27
Haus - yort	31
Wohnzimmer - qunaq bülməse	33
Küche - aş bülməse	35
Badezimmer - yuınu bülməse	38
Kinderzimmer - bala bülməse	42
Kleidung - kiyem	44
Büro - ofis	49
Wirtschaft - iqtisad	51
Berufe - hönərlər	53
Werkzeuge - ələtlər	56
Musikinstrumente - muzıka alətlərə	57
Zoo - xaywan baqçası	59
Sport - sport törlərə	62
Aktivitäten - itkenleklər	63
Familie - ğailə	67
Körper - tən	68
Krankenhaus - xastaxanə	72
Notfall - kiçektergesez xəl	76
Erde - Cir	77
Uhr - səğət	79
Woche - atna	80
Jahr - yıl	81
Formen - şəkellər	83
Farben - töslər	84
Gegenteile - qapma-qarşılıqlar	85
Zahlen - sannar	88
Sprachen - tellər	90
wer / was / wie - kem / nərsə / niçek	91
wo - qayda	92

Impressum
Verlag: BABADADA GmbH, Nedderfeld 112 , 22529 Hamburg
Geschäftsführer / Verlagsleitung: Harald Hof
Druck: Books on Demand GmbH, In de Tarpen 42, 22848 Norderstedt

Imprint
Publisher: BABADADA GmbH, Nedderfeld 112 , 22529 Hamburg, Germany
Managing Director / Publishing direction: Harald Hof
Print: Books on Demand GmbH, In de Tarpen 42, 22848 Norderstedt

Schule
məktəp

Ranzen
buqça

Federmappe
qələmdan

Bleistift
qırandaş

Bleistiftanspitzer
qələm oçlağıç

Radiergummi
betergeç

Zeichenblock
rəsem dəftərə

Zeichnung
rəsem

Pinsel
pumala

Malkasten
buyawlar tartması

Schere
qayçı

Klebstoff
cilem

Übungsheft
dəftər

Hausaufgabe
öy eşe

Zahl
san

addieren
quşu

subtrahieren
alu

multiplizieren
tapqırlaw

rechnen
isəpləw

A
Buchstabe
xəref

ABCDEFG
HIJKLMN
OPQRSTU
VWXYZ
Alphabet
əlifba

Wort
süz

Schule - məktəp

Text
tekst

lesen
uqırğa

Kreide
aqbur

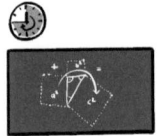
Stunde
dəres

Klassenbuch
sınıf jurnalı

Prüfung
imtixan

Zeugnis
sertifikat

Schuluniform
məktəp forması

Ausbildung
məğərif

Lexikon
ensiklopediyə

Universität
universitə

Mikroskop
mikroskop

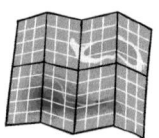
Karte
xarita

Papierkorb
çüp qəğəz çiləge

Schule - məktəp

Reise
səyəxət

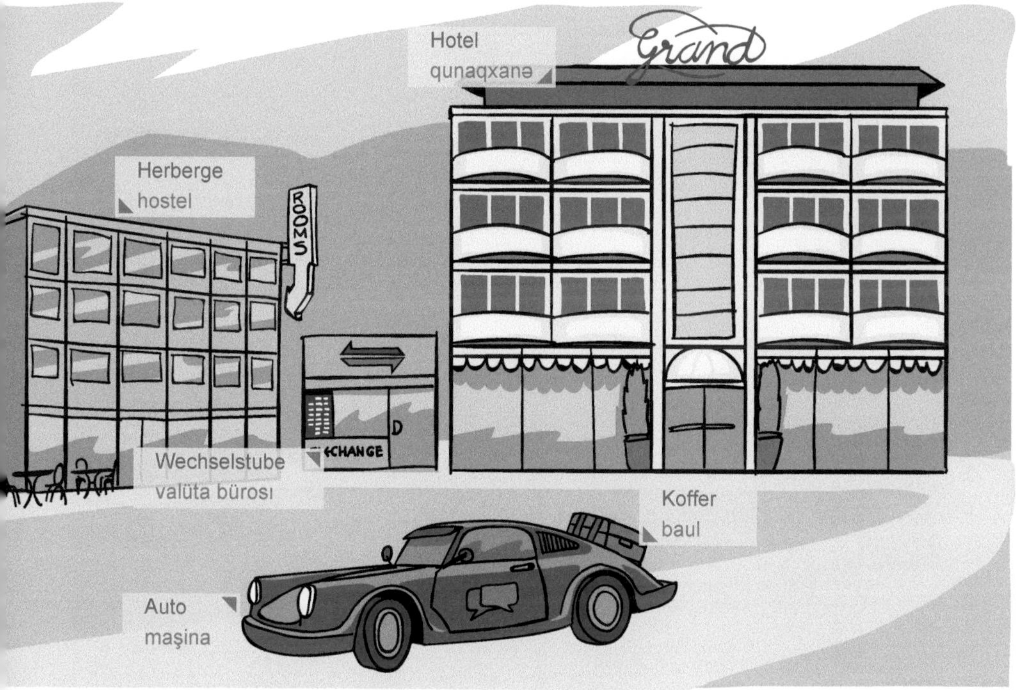

Hotel
qunaqxanə
Grand
Herberge
hostel
ROOMS
Wechselstube
valüta bürosı
EXCHANGE
Koffer
baul
Auto
maşina

Sprache

tel

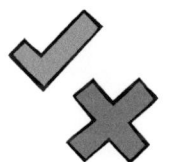

ja / nein

əye / yuq

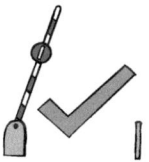

Okay

yarar

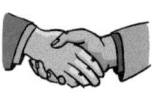

Hallo

isənmesez

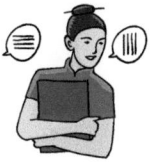

Übersetzer

tərceməçe

Danke

Rəxmət

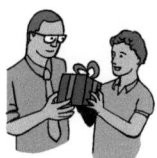

Was kostet…?
… küpme tora?

Ich verstehe nicht
min añlamıym

Problem
problem

Guten Abend!
Xəyerle kiç!

Guten Morgen!
Xəyerle irtə!

Gute Nacht!
Tınıç yoqı!

Auf Wiedersehen
saw bulığız

Richtung
yünəlęş

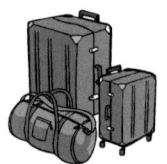

Gepäck
bagaj

Tasche
buqça

Rucksack
biştər

Gast
qunaq

Zimmer
bülmə

Schlafsack
yoqı qapçığı

Zelt
çatır

Reise - səyəxət

Touristeninformation
turist məğlüməte

Strand
qomsal

Kreditkarte
kredit kərte

Frühstück
irtənge aş

Mittagessen
töşlek

Abendessen
kiçke aş

Fahrkarte
bilet

Fahrstuhl
lift

Briefmarke
marka

Grenze
çik

Zoll
tamğaxanə

Botschaft
ilçelek

Visum
viza

Pass
pasport

Reise - səyəxət

Transport
transport

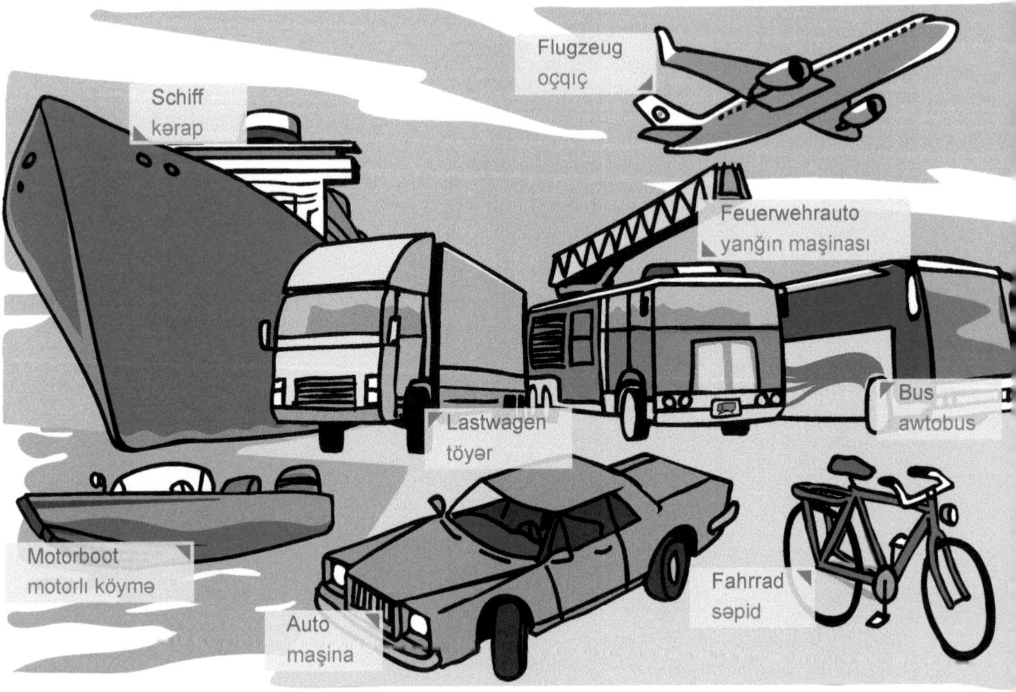

Fähre	Boot	Motorrad
boram	köymə	motosiklət

Polizeiauto	Rennauto	Mietwagen
polisə maşınası	uzış maşınası	kiralıq maşına

Transport - transport

Carsharing
karşering

Abschleppwagen
tartuçı

Müllauto
çüp töyəre

Motor
motor

Kraftstoff
yağulıq

Tankstelle
benzinlek

Verkehrsschild
trafik bilgese

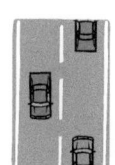
Verkehr
xərəkət

Stau
böke

Parkplatz
parking

Bahnhof
stansa

Schienen
rəy

Zug
trən

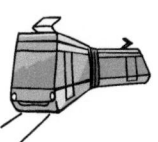
Straßenbahn
tramway

Wagon
vagon

Transport - transport

Helikopter
boralaq

Flughafen
hawa alanı

Tower
manara

Passagier
yulçı

Container
konteyner

Karton
alap

Karren
yök arbası

Korb
səbət

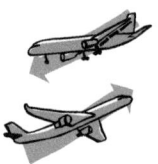
starten / landen
qalqu / töşü

Stadt
şəhər

Dorf
awıl

Stadtzentrum
şəhər üzəge

Haus
yort

10 Stadt - şəhər

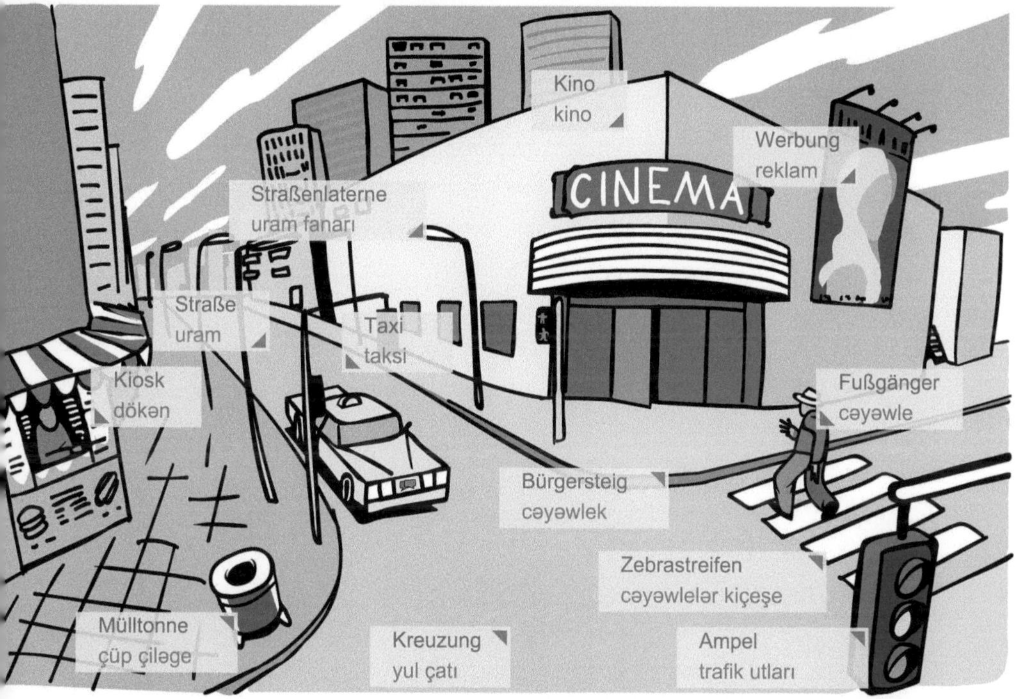

Hütte
alaçıq

Wohnung
fatir

Bahnhof
stansa

Rathaus
şəhər xakimiyəte

Museum
yədkərxanə

Schule
məktəp

Stadt - şəhər

Universität
universitə

Bank
bank

Krankenhaus
xastaxanə

Hotel
qunaqxanə

Apotheke
daruxanə

Büro
ofis

Buchhandlung
kitap kibete

Geschäft
kibet

Blumenladen
çəçək kibete

Supermarkt
supermarket

Markt
bazar

Kaufhaus
zur kibet

Fischhändler
balıq kibete

Einkaufszentrum
səwdə üzəge

Hafen
liman

Stadt - şəhər

Park

park

Bank

eskəmiyə

Brücke

küper

Treppe

basqıç

U-Bahn

metro

Tunnel

tunnel

Bushaltestelle

awtobus tuqtalışı

Bar

bar

Restaurant

restoran

Briefkasten

yamıl tartması

Straßenschild

uram bilgese

Parkuhr

parking sanağıçı

Zoo

xaywan baqçası

Badeanstalt

xəwezxanə

Moschee

məçet

Stadt - şəhər

Bauernhof
çeftlek

Umweltverschmutzung
kerlelek

Friedhof
zirat

Kirche
çirkəw

Spielplatz
uyın alanı

Tempel
ğibädätxanä

Landschaft
tirə-yün

Blatt / yafraq
Wegweiser / yul kürsətkeçe
Weg / yul
Wiese / bolın
Stein / taş
Baum / ağaç
Wanderer / yöreşçe
Fluss / yılğa
Gras / ülən
Blume / çəçək

Tal
üzən

Berg
qalqulıq

See
kül

Wald
urman

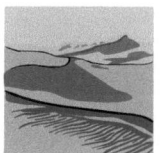

Wüste
çül

Vulkan
yanartaw

Schloss
nığıtma

Regenbogen
salawat küpere

Pilz
gömbə

Palme
palma

Moskito
çerki

Fliege
çeben

Ameise
qırmısqa

Biene
bal qortı

Spinne
ürməküç

Landschaft - tirə-yün

Käfer
qoñğız

Frosch
baqa

Eichhörnchen
tiyen

Igel
kerpe

Hase
quyan

Eule
yabalaq

Vogel
quş

Schwan
aqqoş

Wildschwein
qaban duñğızı

Hirsch
bolan

Elch
poşıy

Staudamm
tuan

Windrad
cir turbini

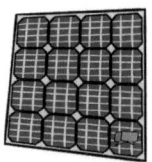

Solarmodul
qoyaş panele

Klima
iqlim

Landschaft - tirə-yün

Restaurant
restoran

- Kellner — tabınçı
- Speisekarte — saylaq
- Stuhl — urındıq
- Suppe — aş
- Pizza — pitsa
- Besteck — çəneçke-pıçaq taqımı
- Tischdecke — aşyawlıq

Vorspeise — qabımlıq
Hauptgericht — töp aşamlıq
Nachspeise — tatlı

Getränke — eçemleklər
Essen — azıq
Flasche — şəşə

Fastfood

fastfud

Streetfood

uram rizığı

Teekanne

çəygün

Zuckerdose

şikər sawıtı

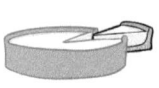

Portion

salım

Espressomaschine

espresso maşını

Hochstuhl

biyek urındıq

Rechnung

xisap

Tablett

töger

Messer

pıçaq

Gabel

çəneçke

Löffel

qaşıq

Teelöffel

çəy qaşığı

Serviette

tastımal

Glas

tustağan

Restaurant - restoran

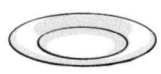

Teller
tabaq

Suppenteller
aş tabağı

Untertasse
cəypək

Sauce
sous

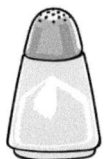

Salzstreuer
toz sawıtı

Pfeffermühle
borıç tegermene

Essig
serkə

Öl
sıyıq may

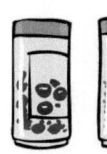

Gewürze
təmlətkeç

Ketchup
ketçup

Senf
xərdəl

Mayonnaise
mayonez

Restaurant - restoran

Supermarkt
supermarket

Angebot
maxsus təqdim

Kunde
satıp aluçılar

Milchprodukte
söt eşlənmələre

Einkaufswagen
kibet arbası

Obst
cimeş

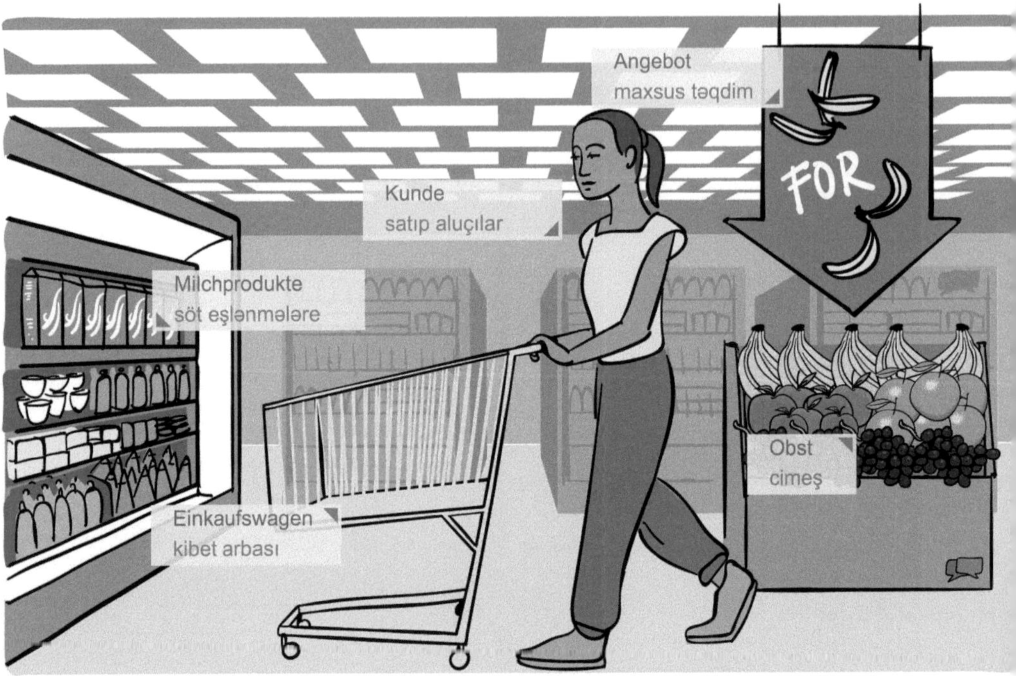

Schlachterei
it kibete

Bäckerei
ikməkxanə

wiegen
ülçəw

Gemüse
yəşelçə

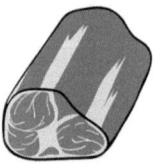

Fleisch
it

Tiefkühlkost
tuñdırılğan aşamlıqlar

Supermarkt - supermarket

Aufschnitt
suıq it

Konserven
kənsirləngən aşamlıq

Waschmittel
ker tuzı

Süßigkeiten
şikərləmələr

Haushaltsartikel
öy eşlənmələre

Reinigungsmittel
təmizlek eşlənmələre

Verkäuferin
satuçı

Kasse
yazuçı kassa

Kassierer
kassir

Einkaufsliste
satıp alu isemlege

Öffnungszeiten
eş waqıtı

Brieftasche
qalta

Kreditkarte
kredit kərte

Tasche
buqça

Plastiktüte
plastik qapçıq

Supermarkt - supermarket

Getränke
eçemləklər

Wasser
su

Saft
sut

Milch
söt

Cola
kola

Wein
şərəb

Bier
sıra

Alkohol
xəmer

Kakao
kakao

Tee
çəy

Kaffee
qəhwə

Espresso
espresso

Cappuccino
kapuçino

Getränke - eçemləklər

Essen
azıq

Banane
banan

Apfel
alma

Orange
əflisun

Melone
qarbız

Zitrone
limon

Karotte
kişer

Knoblauch
sarımsaq

Bambus
bambu

Zwiebel
suğan

Pilz
gömbə

Nüsse
çikləweklər

Nudeln
toqmaç

Essen - azıq

Spaghetti
spagetti

Reis
döge

Salat
salat

Pommes frites
çips

Bratkartoffeln
qızdırılğan bərəñge

Pizza
pitsa

Hamburger
hamburger

Sandwich
sandwiç

Schnitzel
kətlit

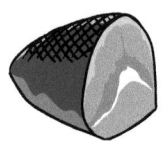

Schinken
ветчина

Salami
salami

Wurst
sosis

Huhn
tawıq ite

Braten
qızdırma

Fisch
balıq

Essen - azıq

Haferflocken
solı izməse

Müsli
müsli

Cornflakes
məkkəy keterdege

Mehl
on

Croissant
kruassan

Brötchen
ipi tügərəge

Brot
ikmək

Toast
tost

Kekse
kətərməç

Butter
may

Quark
eremçek

Kuchen
kəyk

Ei
yomırqa

Spiegelei
təbə

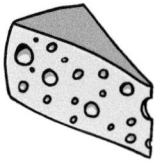
Käse
pəynir

Essen - azıq

Eiscreme	Zucker	Honig
tuñdırma	şikər	bal

Marmelade	Nougat-Creme	Curry
qaynatma	şokolad izməse	karri

Bauernhof
çeftlek

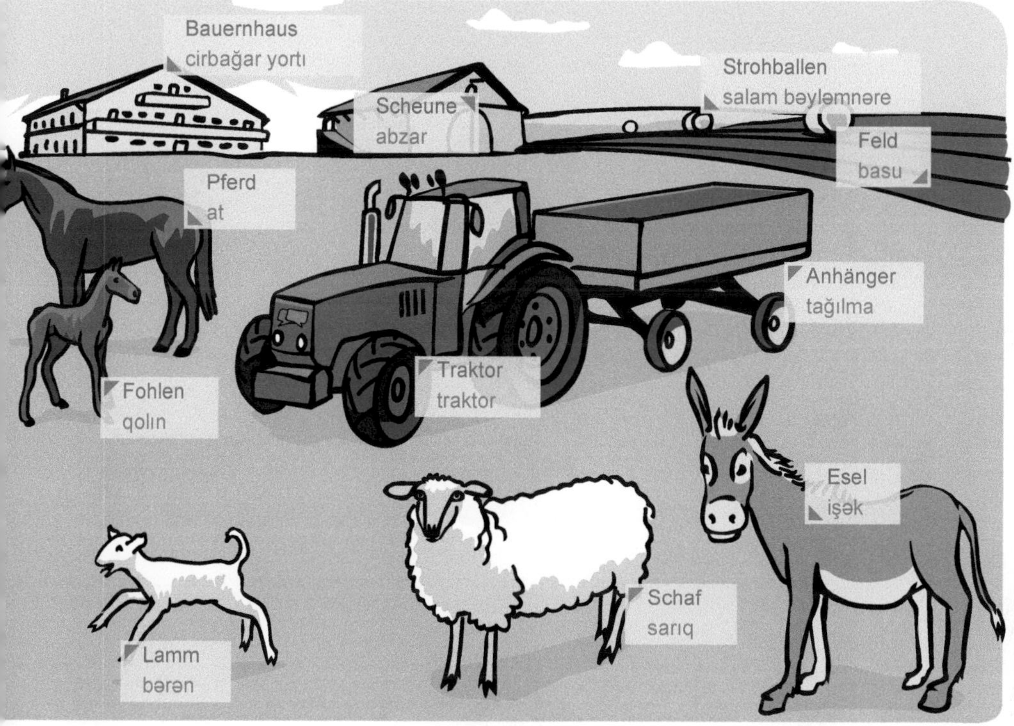

Bauernhaus — cirbağar yortı
Scheune — abzar
Strohballen — salam beyləmnərə
Feld — basu
Pferd — at
Anhänger — tağılma
Fohlen — qolın
Traktor — traktor
Esel — işək
Lamm — bərən
Schaf — sarıq

Ziege

kəcə

Kuh

sıyır

Kalb

bozaw

Schwein

duñğız

Ferkel

duñğız balası

Bulle

ügez

Gans
qaz

Ente
ürdək

Küken
çebi

Huhn
tawıq

Hahn
ətəç

Ratte
küse

Katze
pesi

Maus
tıçqan

Ochse
eş ügeze

Hund
et

Hundehütte
et oyası

Gartenschlauch
baqça xortumı

Gießkanne
susipkeç

Sense
çalğı

Pflug
saban

Bauernhof - çeftlek

Sichel
uraq

Hacke
kitmən

Mistgabel
sənək

Axt
balta

Schubkarre
qul arbası

Trog
tağaraq

Milchkanne
söt çiləge

Sack
qapçıq

Zaun
qoyma

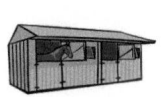
Stall
abzar

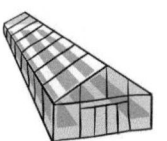
Treibhaus
essexanə

Boden
tufraq

Saat
orlıq

Dünger
aşlama

Mähdrescher
kombayn

Bauernhof - çeftlek

ernten
uñış cıyarğa

Ernte
uñış

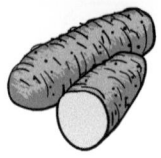

Yamswurzel
yam

Weizen
boday

Soja
soya

Kartoffel
bərəñge

Mais
məkkəy

Raps
raps

Obstbaum
cimøş ağaçı

Maniok
manyok

Getreide
börtekleler

Bauernhof - çeftlek

Haus
yort

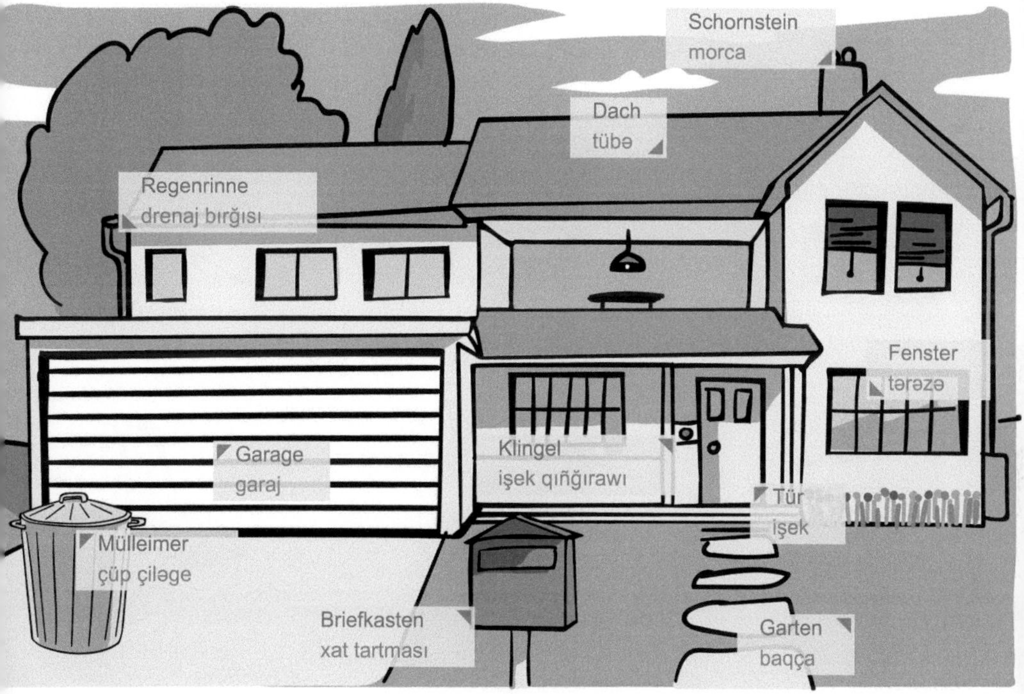

- Schornstein — morca
- Dach — tübə
- Regenrinne — drenaj bırğısı
- Fenster — tərəzə
- Garage — garaj
- Klingel — işek qıñğırawı
- Tür — işek
- Mülleimer — çüp çiləge
- Briefkasten — xat tartması
- Garten — baqça

Wohnzimmer
qunaq bülməse

Badezimmer
yuınu bülməse

Küche
aş bülməse

Schlafzimmer
yataq bülməse

Kinderzimmer
bala bülməse

Esszimmer
aş bülməse

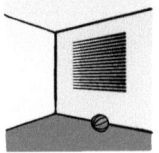
Boden
idän

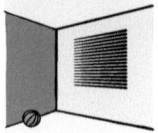
Wand
diwar

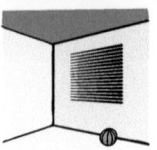
Decke
tüşəm

Keller
tülə

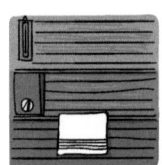
Sauna
sawna

Balkon
balkon

Terrasse
teras

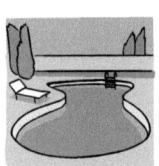
Schwimmbad
xəwez

Rasenmäher
cirəmçapqıç

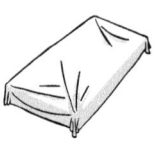
Bettbezug
cəymə

Bettdecke
yataq yapması

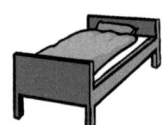
Bett
yataq

Besen
seberke

Eimer
çilək

Schalter
özgeç

Haus - yort

Wohnzimmer
qunaq bülməse

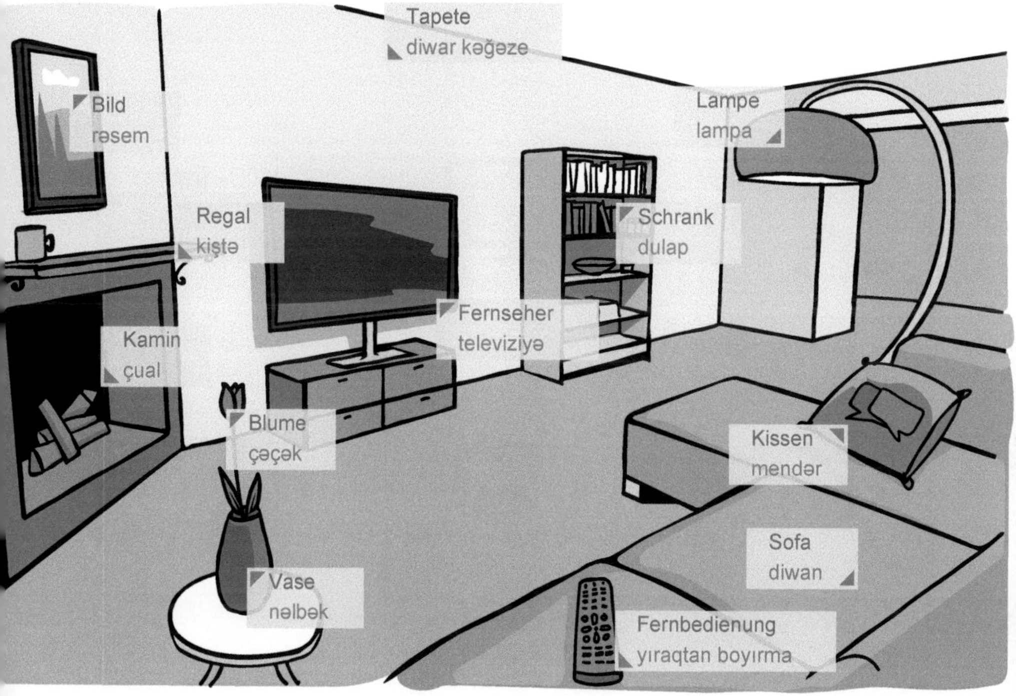

- Tapete / diwar kəğəze
- Bild / rəsem
- Lampe / lampa
- Regal / kiştə
- Schrank / dulap
- Kamin / çual
- Fernseher / televiziyə
- Blume / çəçək
- Kissen / mendər
- Vase / nəlbək
- Sofa / diwan
- Fernbedienung / yıraqtan boyırma

Teppich
keləm

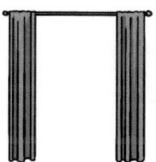

Vorhang
pərdə

Tisch
östəl

Stuhl
urındıq

Schaukelstuhl
tirbəlmə urındıq

Sessel
kənəfi

Buch
kitap

Decke
yapma

Dekoration
dekor

Feuerholz
utın

Film
film

Stereoanlage
hi-fi

Schlüssel
açqıç

Zeitung
qəcit

Gemälde
sürət

Poster
poster

Radio
radio

Notizblock
quyın dəftərə

Staubsauger
tuzansuırğıç

Kaktus
kaktus

Kerze
şəm

Wohnzimmer - qunaq bülməse

Küche
aş bülməse

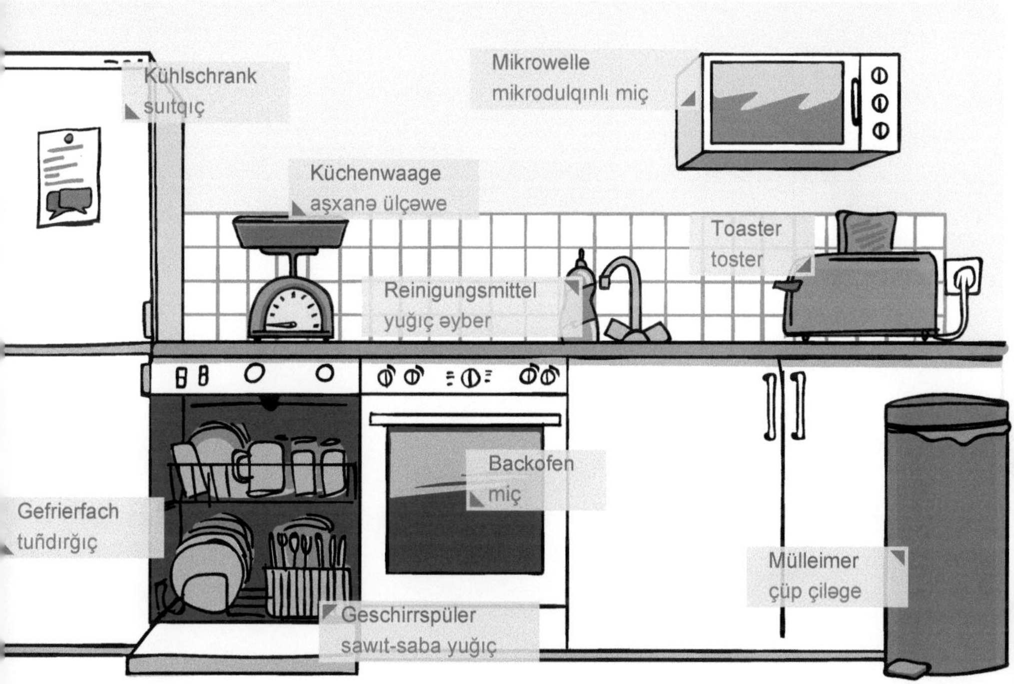

Kühlschrank — suıtqıç

Mikrowelle — mikrodulqınlı miç

Küchenwaage — aşxanə ülçəwe

Reinigungsmittel — yuğıç əyber

Toaster — toster

Backofen — miç

Gefrierfach — tuñdırğıç

Geschirrspüler — sawıt-saba yuğıç

Mülleimer — çüp çiləge

Herd
əwsək

Topf
sağan

Eisentopf
çuyın sağan

Wok / Kadai
wok

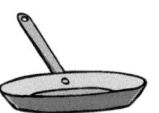

Pfanne
taba

Wasserkocher
çəygün

Küche - aş bülməse

	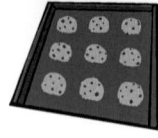	
Dampfgarer bulı peşergeç	Backblech qalay	Geschirr sawıt-saba

Becher təgəç	Schale kəsə	Essstäbchen aşaw tayaqçıqları

Suppenkelle ucaw	Pfannenwender spatula	Schneebesen tuqlaqıç

Kochsieb sözgeç	Sieb ilək	Reibe qırğıç

Mörser kile	Grill barbekü	Feuerstelle açıq uçaq

Küche - aş bülməse

Schneidebrett
taqta

Nudelholz
uqlaw

Korkenzieher
böke suırğıç

Dose
metal tartma

Dosenöffner
kənsir açqıç

Topflappen
miç biyələye

Waschbecken
kirşən

Bürste
fırça

Schwamm
bolıt

Mixer
blender

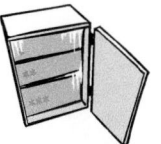
Gefriertruhe
tirən tuñdırğıç

Babyflasche
imezlekle şeşə

Wasserhahn
çömək

Küche - aş bülməse

Badezimmer
yuınu bülməsе

- Heizung / cılıtu
- Dusche / duş
- Handtuch / sölge
- Duschvorhang / duş pərdəsе
- Schaumbad / kübekle vanna
- Badewanne / vanna
- Glas / tustağan
- Waschmaschine / ker yuğıç
- Wasserhahn / çömek
- Fliesen / fayans
- Töpfchen / lazemlek
- Waschbecken / kirşen

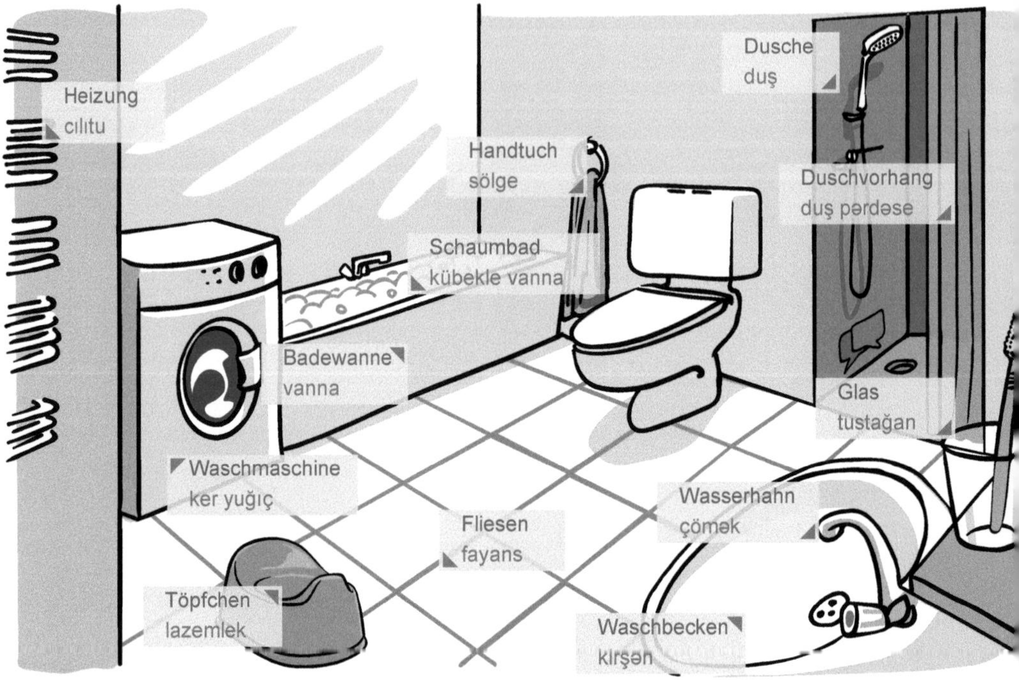

Toilette
bədrəf

Hocktoilette
törekçə bədrəf

Bidet
bide

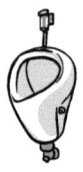

Pissoir
pissuar

Toilettenpapier
bədrəf kəğəze

Toilettenbürste
bədrəf fırçası

38 Badezimmer - yuınu bülməsе

Zahnbürste
teş fırçası

Zahnpasta
teş məğcüne

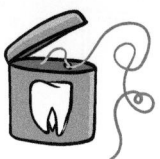
Zahnseide
teş cebe

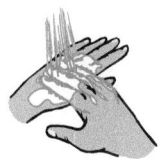
waschen
yuarğa

Handbrause
duş başlığı

Intimdusche
duş

Waschschüssel
kirşən

Rückenbürste
arqa fırçası

Seife
sabın

Duschgel
duş señəle

Shampoo
şampun

Waschlappen
munçala

Abfluss
ağım

Creme
krem

Deodorant
dezodorant

Badezimmer - yuınu bülməse

Spiegel
közge

Kosmetikspiegel
qul közgese

Rasierer
östərə

Rasierschaum
qırınu kübege

Rasierwasser
qırınu losyonı

Kamm
taraq

Bürste
fırça

Föhn
fön

Haarspray
çəç sprəyə

Makeup
makiyaj

Lippenstift
iren innege

Nagellack
tırnaq cələsə

Watte
mamıq

Nagelschere
tırnaq qayçısı

Parfum
xuşbuy

40   Badezimmer - yuınu bülməse

Kulturbeutel	Hocker	Waage
makiyaj buqçası	utırğıç	ülçəw

Bademantel	Gummihandschuhe	Tampon
çoba	rezin iləsə	tampon

Damenbinde	Chemietoilette	
higiyenik pəd	kimiyəwi bədrəf	

Badezimmer - yuınu bülməse

Kinderzimmer
bala bülməse

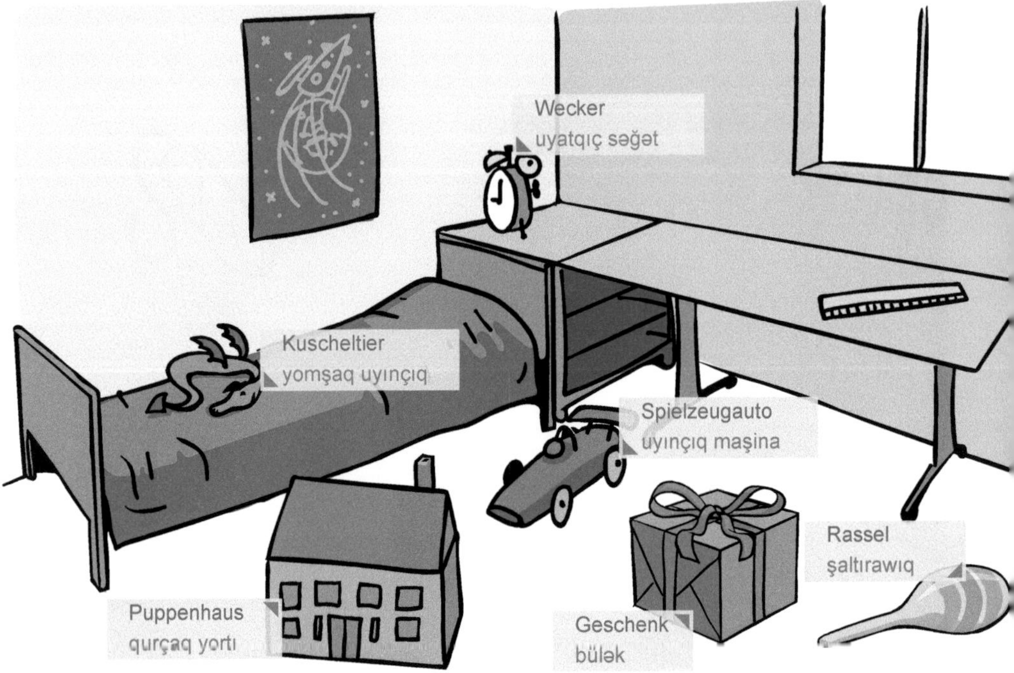

Wecker — uyatqıç səğət
Kuscheltier — yomşaq uyınçıq
Spielzeugauto — uyınçıq maşina
Rassel — şaltırawıq
Puppenhaus — qurçaq yortı
Geschenk — bülək

Ballon
hawa şarı

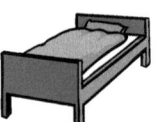

Bett
yataq

Kinderwagen
bəbi arbası

Kartenspiel
kərt dəstəse

Puzzle
pazl

Comic
komiks

Legosteine
lego kirpeçlərə

Bausteine
şaqmaqlar

Action Figur
uyın sınçığı

Strampelanzug
zıbın

Frisbee
frisbi

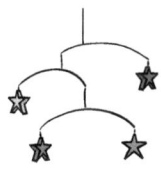
Mobile
mobil

Brettspiel
östəl uyını

Würfel
uyın taşı

Modelleisenbahn
trən modele cıyılması

Schnuller
imezlek

Party
kiçə

Bilderbuch
rəsemle kitap

Ball
tup

Puppe
qurçaq

spielen
uynarğa

Kinderzimmer - bala bülməse

Sandkasten
qomlıq

Schaukel
tağan

Spielzeug
uyınçıqlar

Spielkonsole
uyın quşması

Dreirad
öç köpçəkle səpid

Teddy
uyınçıq ayu

Kleiderschrank
kiyem dulabı

Kleidung
kiyem

Socken
oyıqbaş

Strümpfe
oyıq

Strumpfhose
oyığıştan

Schal / şarf

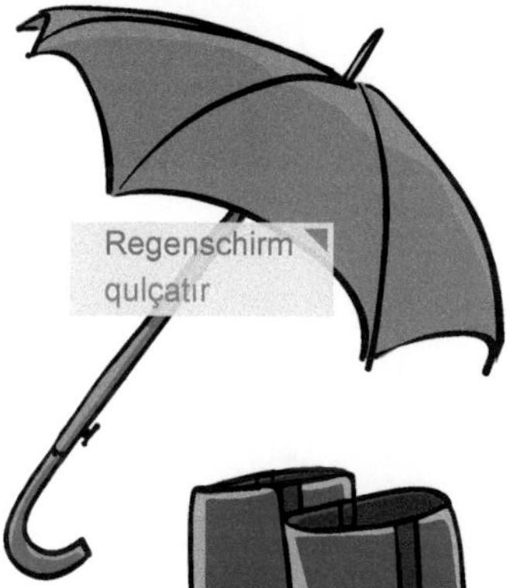

Regenschirm / qulçatır

T-Shirt / t-külmək

Gürtel / qayış

Stiefel / itek

Hausschuhe / çəpələy

Turnschuhe / sport ayaq kiyeme

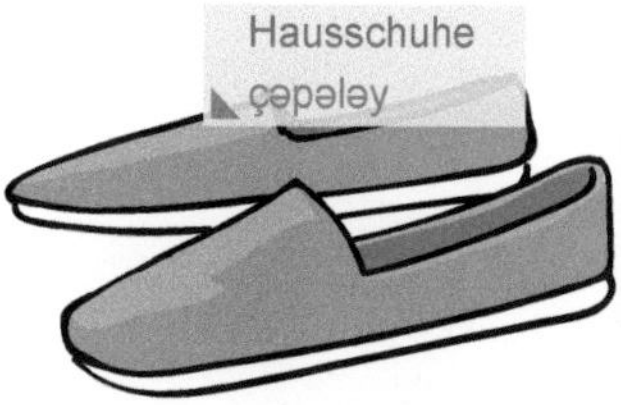

Sandalen
sandallar

Schuhe
ayaq kiyeme

Gummistiefel
rezin itek

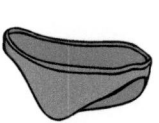

Unterhose
tənban

Büstenhalter
tüşti

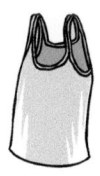

Unterhemd
cələk

Kleidung - kiyem

Body
bodi

Hose
çalbar

Jeans
jins

Rock
itək

Bluse
bluz

Hemd
külmək

Pullover
sviter

Kapuzenpullover
hudi

Blazer
bleyzer

Jacke
jaket

Mantel
bişmət

Regenmantel
yañğırlıq

Kostüm
kəçtüm

Kleid
külmək

Hochzeitskleid
tuy külməge

Kleidung - kiyem

Anzug	Nachthemd	Schlafanzug
taqım kiyem	tönge külmək	pijama

Sari	Kopftuch	Turban
sari	yawlıq	çalma

Burka	Kaftan	Abaya
burqa	çapan	abaya

Badeanzug	Badehose	Kurze Hose
qoyınu kiyeme	yözü tənbanı	şort

Trainingsanzug	Schürze	Handschuhe
sport kiyeme	alyapqıç	iləsə

Kleidung - kiyem

Knopf
töymə

Brille
küzlek

Armband
beləzek

Halskette
muyınsa

Ring
baldaq

Ohrring
alqa

Mütze
kəpəç

Kleiderbügel
elqeç

Hut
eşləpə

Krawatte
muyınbaw

Reißverschluss
zıncır

Helm
oçlam

Hosenträger
çalbar asması

Schuluniform
məktəp forması

Uniform
forma

Kleidung - kiyem

Lätzchen
balalar kükrəkçəse

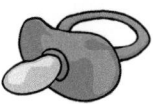
Schnuller
imezlek

Windel
küzələ

Büro
ofis

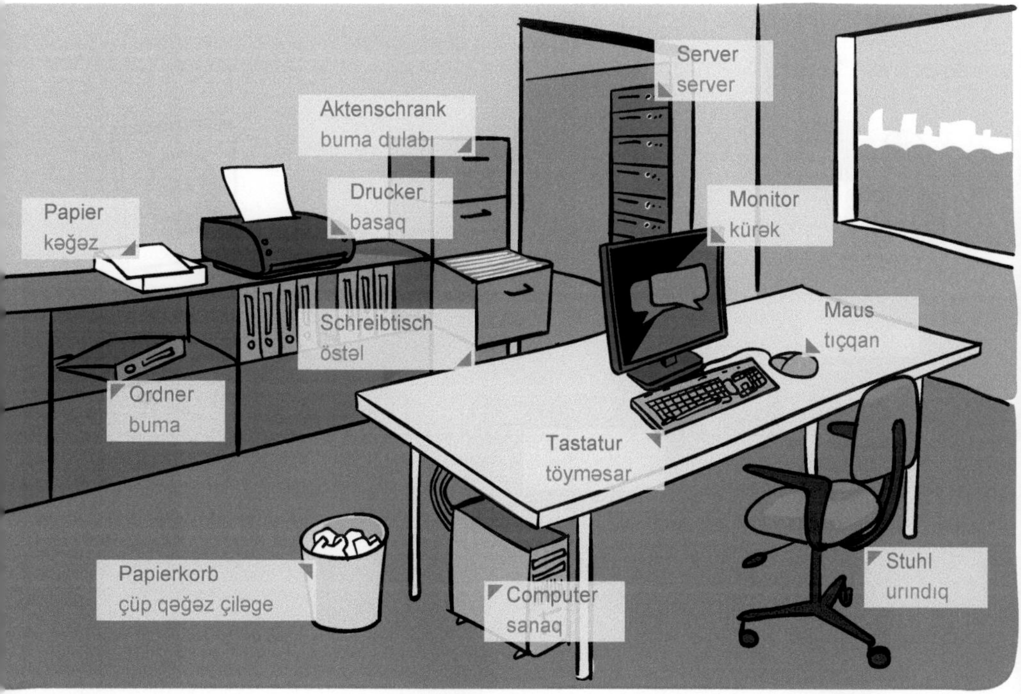

- Server / server
- Aktenschrank / buma dulabı
- Drucker / basaq
- Monitor / kürək
- Papier / kəğəz
- Maus / tıçqan
- Schreibtisch / östəl
- Ordner / buma
- Tastatur / töyməsar
- Papierkorb / çüp qəğəz çiləge
- Computer / sanaq
- Stuhl / urındıq

Kaffeebecher
qəhwə təgəçe

Taschenrechner
sansanar

Internet
internet

Büro - ofis

Laptop

ləptop

Brief

xat

Nachricht

xəbər

Handy

kesə telefonı

Netzwerk

çeltər

Kopierer

fotokopyaçı

Software

program təminatı

Telefon

telefon

Steckdose

ayırğıç

Fax

faks

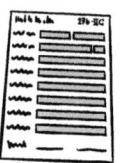

Formular

form

Dokument

dokument

Büro - ofis

Wirtschaft
iqtisad

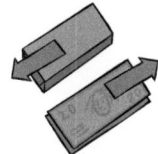

kaufen
satıp alırğa

bezahlen
tülərgə

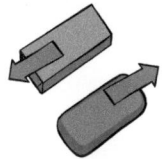

handeln
səwdə itərgə

Geld
aqça

Dollar
dollar

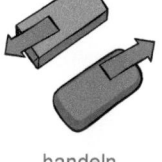

Euro
euro

Yen
yen

Rubel
sum

Franken
frank

Renminbi Yuan
yuan

Rupie
rupi

Geldautomat
bankomat

Wechselstube	Gold	Silber
valüta bürosı	altın	kömeş

Öl	Energie	Preis
qaramay	energiyə	bəyə
		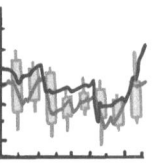
Vertrag	Steuer	Aktie
kontrakt	salım	stok

arbeiten	Angestellter	Arbeitgeber
eşlərgə	eşçe	eş birüçe

Fabrik	Geschäft	
fabrika	kibet	

Wirtschaft - iqtisad

Berufe
hönərlər

Polizist
polisə xezmətkərə

Feuerwehrmann
yangın sünderüçe

Koch
aşçı

Arzt
tabib

Pilot
oçuçı

Gärtner
baqçaçı

Tischler
ağaç ostası

Näherin
tegüçe

Richter
xökemçe

Chemiker
kimiyəçe

Schauspieler
aktor

Berufe - hönərlər

Busfahrer	Taxifahrer	Fischer
awtobus yörtüçe	taksiçe	balıqçı

Putzfrau	Dachdecker	Kellner
cıyıştıruçı xatın	tübə yabuçı	tabınçı

Jäger	Maler	Bäcker
awçı	rəssam	ikməkçe

Elektriker	Bauarbeiter	Ingenieur
elektrçı	tözüçe	möhəndis

Schlachter	Klempner	Postbote
itçe	çöməkçe	yamılçı

Berufe - hönərlər

Soldat
əskəri

Architekt
miğmar

Kassierer
kassir

Florist
çəçəkçe

Friseur
çəçtaraş

Schaffner
konduktor

Mechaniker
mekanik

Kapitän
kapitan

Zahnarzt
teş tabibı

Wissenschaftler
ğalim

Rabbi
rabbi

Imam
imam

Mönch
kəşiş

Geistlicher
ruxani

Werkzeuge
alətlər

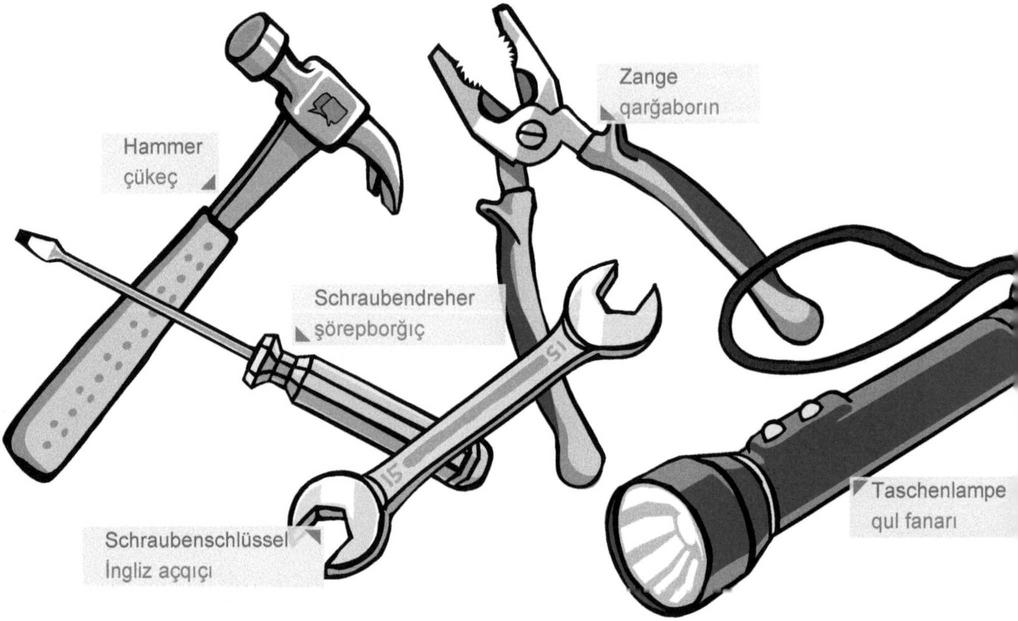

Hammer
çükeç

Zange
qarğaborın

Schraubendreher
şörepborğıç

Schraubenschlüssel
İngliz açqıçı

Taschenlampe
qul fanarı

Bagger

qazu maşinası

Werkzeugkasten

alət buqçası

Leiter

basqıç

Säge

pıçqı

Nägel

qadaqlar

Bohrer

dril

reparieren
tözətergə

Schaufel
körək

Mist!
Şaytan alğırı!

Kehrblech
sosqı

Farbtopf
buyaw sawıtı

Schrauben
mıqlar

Musikinstrumente
muzıka alətlərе

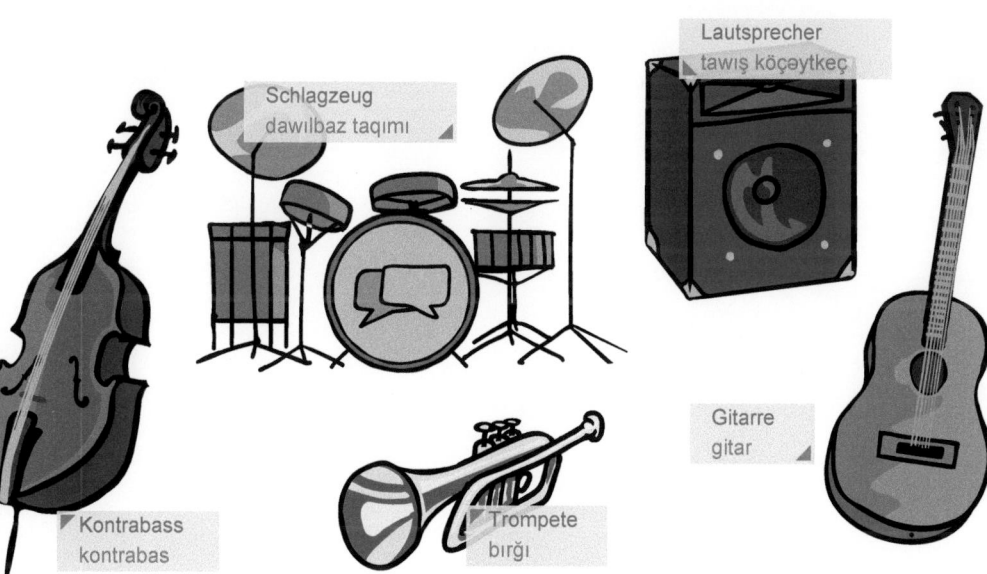

Lautsprecher
tawış köçəytkeç

Schlagzeug
dawılbaz taqımı

Gitarre
gitar

Kontrabass
kontrabas

Trompete
bırğı

Musikinstrumente - muzıka alətlərе

Klavier piano	Violine kəmən	Bass bas gitar

Pauke timpani	Trommeln dawılbaz	Keyboard töymәsar

Saxophon saksofon	Flöte flüt	Mikrofon mikrofon

Musikinstrumente - muzıka alətlərе

Zoo
xaywan baqçası

Eingang / kerü
Tiger / yulbarıs
Käfig / çitlek
Zebra / zebra
Tierfutter / terlek azığı
Panda / panda

Tiere
xaywannar

Elefant
fil

Känguru
köngerə

Nashorn
kərkədən

Gorilla
gorilla

Bär
ayu

Zoo - xaywan baqçası

Kamel
döyə

Strauß
təwə qoşı

Löwe
arıslan

Affe
maymıl

Flamingo
flamingo

Papagei
tutıy qoş

Eisbär
aq ayu

Pinguin
pingwin

Hai
küpek balığı

Pfau
tawis

Schlange
yılan

Krokodil
timsax

Zoowärter
xaywan baqçası
xezmətkəre

Robbe
suete

Jaguar
yaguar

Zoo - xaywan baqçası

Pony
poni

Leopard
qaplan

Nilpferd
su ayğırı

Giraffe
zörəfə

Adler
börket

Wildschwein
qaban duñğızı

Fisch
balıq

Schildkröte
taşbaqa

Walross
morşa

Fuchs
tölke

Gazelle
ğəzəl

Zoo - xaywan baqçası

Sport
sport törləre

Aktivitäten
itkenleklər

- springen — sikerergə
- lachen — kölərgə
- umarmen — qoçaqlarğa
- gehen — yörergə
- singen — cırlarğa
- träumen — xıyallanırğa
- beten — ğibədət qılırğa
- küssen — übərgə

schreiben
yazarğa

zeichnen
rəsem yasarğa

zeigen
kürsətergə

drücken
etərgə

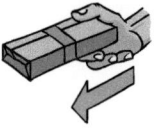

geben
birergə

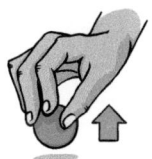

nehmen
alırğa

Aktivitäten - itkenleklər

haben iyə bulırğa	tun eşlərgə	sein bulırğa

stehen basıp torırğa	laufen yögerergə	ziehen tartırğa
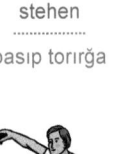		
werfen taşlarğa	fallen yığılırğa	liegen yatarğa

warten kötərgə	tragen taşırğa	sitzen utırırğa

anziehen kiyenergə	schlafen yoqlarğa	aufwachen uyanırğa

Aktivitäten - itkenleklər

ansehen
qararğa

weinen
yılarğa

streicheln
sıyparğa

kämmen
tararğa

reden
söyləşergə

verstehen
añlarğa

fragen
sorarğa

hören
tıñlarğa

trinken
eçərgə

essen
aşarğa

aufräumen
cıyıştırınırğa

lieben
söyərgə

kochen
peşerergä

fahren
sörergə

fliegen
oçarğa

Aktivitäten - itkenleklər

segeln
diñgezgə açılu

rechnen
isəpləw

lesen
uqırğa

lernen
öyrənergə

arbeiten
eşlərgə

heiraten
öylənergə

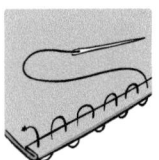
nähen
teqergə

Zähne putzen
teş fırçalarğa

töten
üterergə

rauchen
təməke tartırğa

senden
cibərergə

Aktivitäten - itkenleklər

Familie
ğailə

Großmutter — əbi
Großvater — babay
Vater — ata
Mutter — ana
Baby — sabıy
Tochter — qız
Sohn — ul

Gast
qunaq

Tante
apa

Onkel
abıy

Bruder
abıy / ene

Schwester
apa / señel

Familie - ğailə

Körper
tən

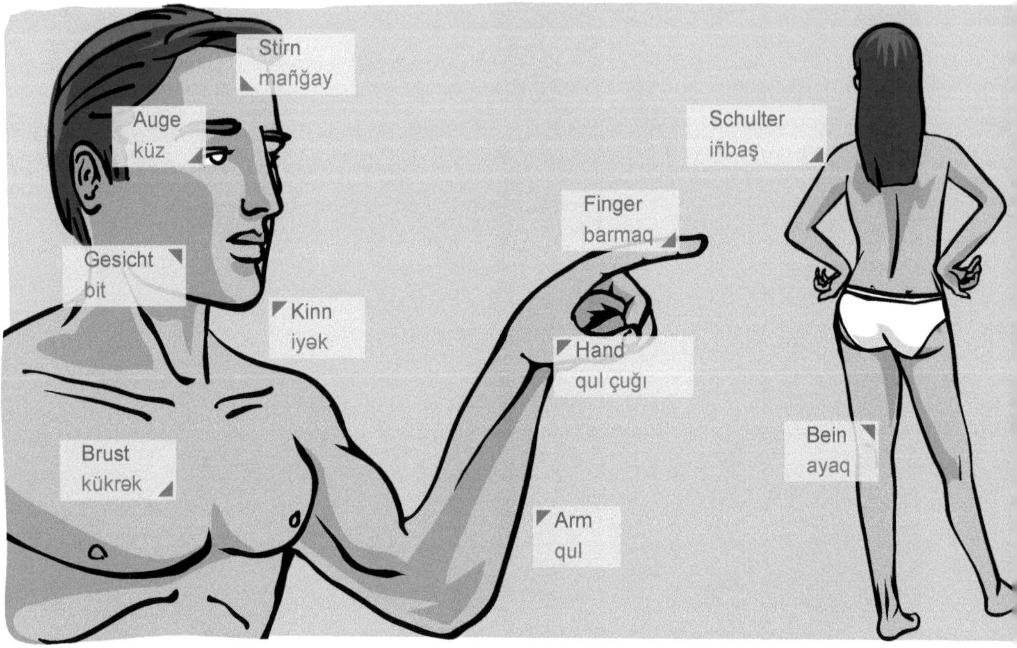

Stirn
mañğay

Auge
küz

Schulter
iñbaş

Finger
barmaq

Gesicht
bit

Kinn
iyək

Hand
qul çuğı

Brust
kükrək

Bein
ayaq

Arm
qul

Baby

sabıy

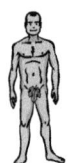

Mann

ir

Frau

xatın

Mädchen

qız

Junge

malay

Kopf

baş

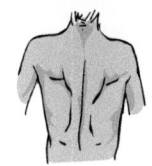

Rücken
arqa

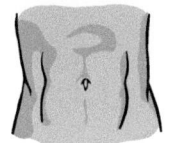

Bauch
eç

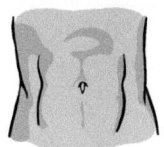

Nabel
kendek

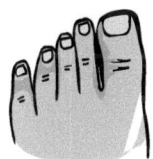

Zeh
ayaq barmağı

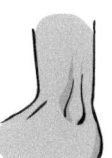

Ferse
ükçə

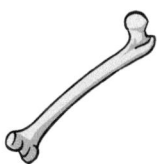

Knochen
söyək

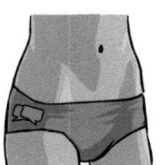

Hüfte
bot

Knie
tez

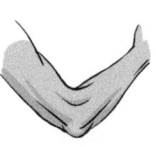

Ellenbogen
tersək

Nase
borın

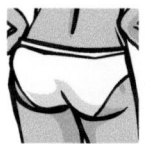

Gesäß
art san

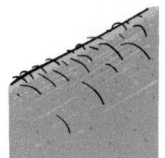

Haut
tire

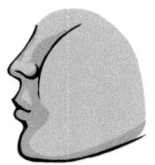

Wange
yañaq

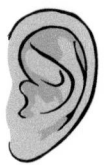

Ohr
qolaq

Lippe
iren

Körper - tən

Mund
awız

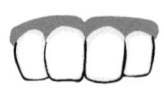

Zahn
teş

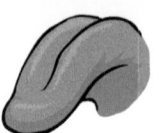

Zunge
tel

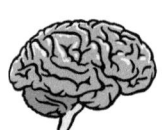

Gehirn
mi

Herz
yörək

Muskel
ğəzlə

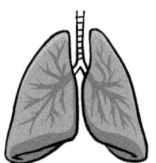

Lunge
üpkə

Leber
bawır

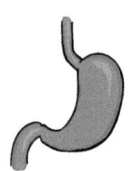

Magen
aşqazanı

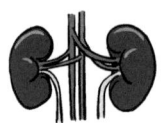

Nieren
böyerlər

Geschlechtsverkehr
seks

Kondom
prezervativ

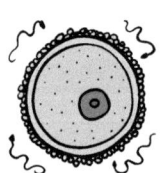

Eizelle
kükəy küzənək

Sperma
məni

Schwangerschaft
kömən

Körper - tən

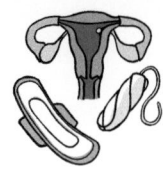  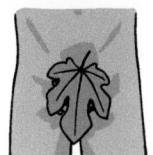

Menstruation	Vagina	Penis
kürem	vagina	penis

  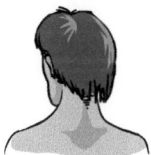

Augenbraue	Haar	Hals
qaş	çəçlər	muyın

Körper - tən

Krankenhaus
xastaxanə

Krankenhaus
xastaxanə

Krankenwagen
ambulans

Rollstuhl
təgərməçle urındıq

Bruch
sınu

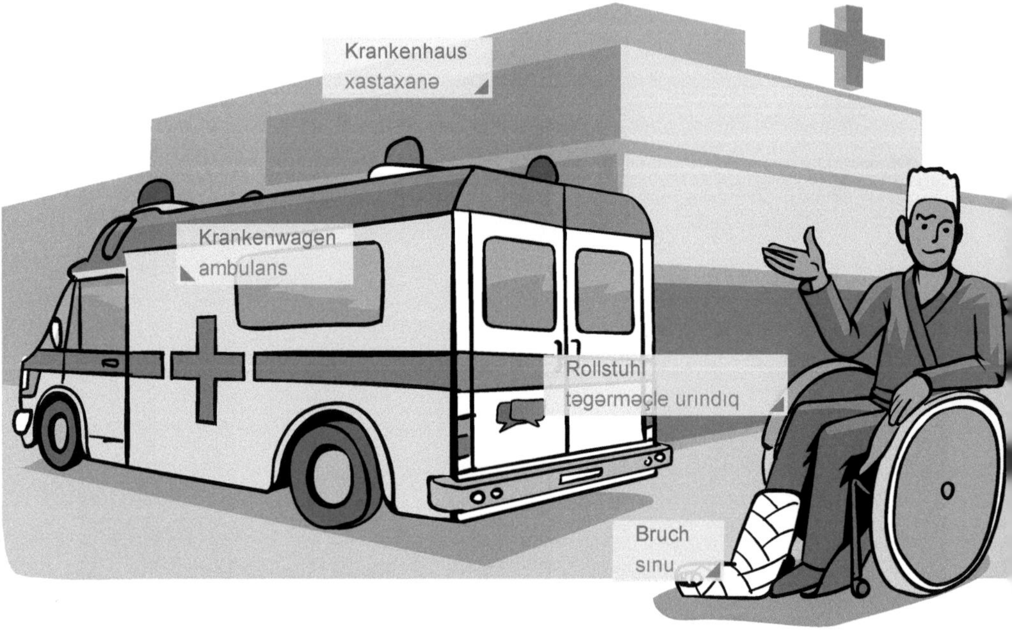

Arzt
tabib

Notaufnahme
aşığıç yərdəm bülməse

Krankenschwester
şəfqət tutaşı

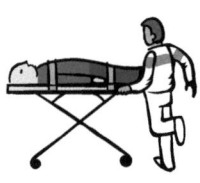

Notfall
kiçektergesez xəl

ohnmächtig
añsız

Schmerz
awırtu

Verletzung
cərəxətlənü

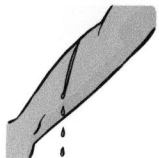
Blutung
qan ağu

Herzinfarkt
infarkt

Schlaganfall
insult

Allergie
allergiyə

Husten
yütəl

Fieber
qızu

Grippe
grip

Durchfall
eç kitü

Kopfschmerzen
baş awırtu

Krebs
yaman şeş

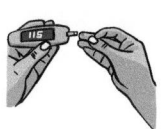
Diabetis
diabet

Chirurg
xirurg

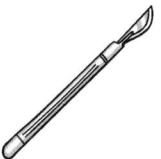
Skalpell
skalpel

Operation
ğəməliyət

Krankenhaus - xastaxanə

CT
ST

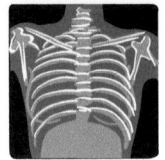
Röntgen
röntgen

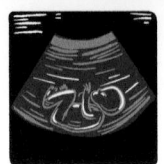
Ultraschall
ultratawış

Maske
bitlek

Krankheit
awıru

Wartezimmer
kötü bülməsə

Krücke
qultıq tayağı

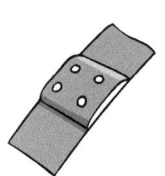
Pflaster
plaster

Verband
bəyləweç

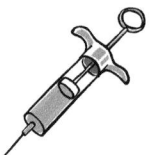
Injektion
qadaw

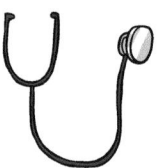
Stethoskop
stetoskop

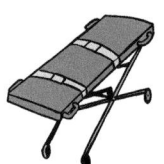
Trage
sədiyə

Thermometer
klinik termometr

Geburt
tuu

Übergewicht
artıq awırlıq

Krankenhaus - xastaxanə

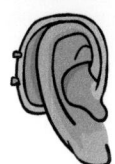

Hörgerät

işetü cihazı

Desinfektionsmittel

dezinfektant

Infektion

yoğış

Virus

virus

HIV / AIDS

KİV / BİDS

Medizin

daru

Impfung

vaksinalanu

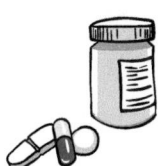

Tabletten

tabletlər

Pille

kontraseptiv tablet

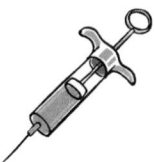

Notruf

aşığıç çaqıru

Blutdruck-Messgerät

qan basımı ülçəgeçe

krank / gesund

awıru / sələmət

Krankenhaus - xastaxanə

Notfall
kiçektergesez xəl

Hilfe!
Qotqarığız!

Alarm
xəwef tawışı

Überfall
höcüm

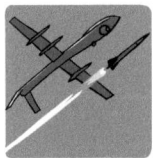

Angriff
höcüm

Gefahr
qurqınıç

Notausgang
aşığıç çığu

Feuer!
Yanğın!

Feuerlöscher
ut sündergeç

Unfall
qaza

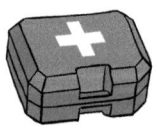

Erste-Hilfe-Koffer
berençe yərdəm buqçası

SOS
SOS

Polizei
polisə

Erde
Cir

Europa
Awrupa

Nordamerika
Tönyaq Amerika

Südamerika
Könyaq Amerika

Afrika
Afrika

Asien
Asya

Australien
Awstralya

Atlantik
Atlantik okean

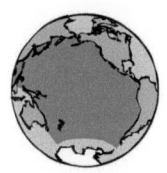

Pazifik
Tın okean

Indischer Ozean
Hind okeanı

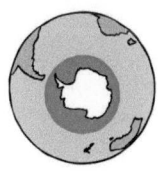

Antarktischer Ozean
Antarktik okean

Arktischer Ozean
Arktik okean

Nordpol
Tönyaq qotıp

Südpol
Könyaq qotıp

Antarktis
Antarktika

Erde
Cir

Land
qorı cir

Meer
diñgez

Insel
utraw

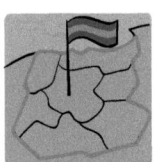
Nation
millet

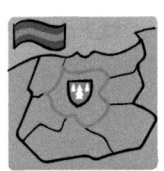
Staat
dewlet

Erde - Cir

Uhr
səğət

Zifferblatt	Stundenzeiger	Minutenzeiger
səğət bite	səğət uğı	minut uğı

  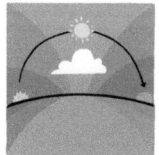

Sekundenzeiger	Wie spät ist es?	Tag
sekund uğı	Səğət niçə?	kön

Zeit	jetzt	Digitaluhr
waqıt	xəzer	dijital səğət

Minute	Stunde
minut	səğət

Woche
atna

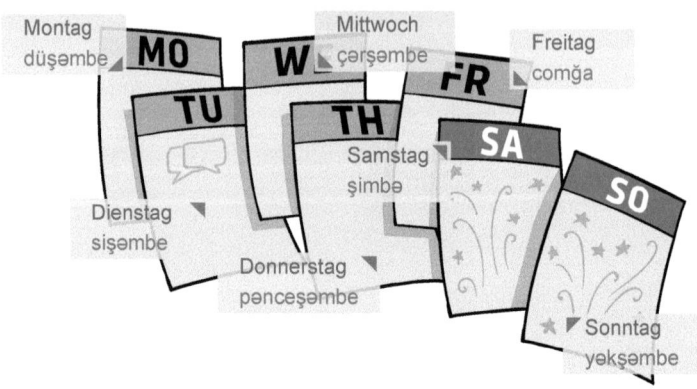

gestern
kiçə

heute
bügen

morgen
irtəgə

Morgen
irtə

Mittag
töş

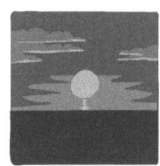

Abend
kiç

Arbeitstage
eş könnəre

Wochenende
yal könnəre

Jahr
yıl

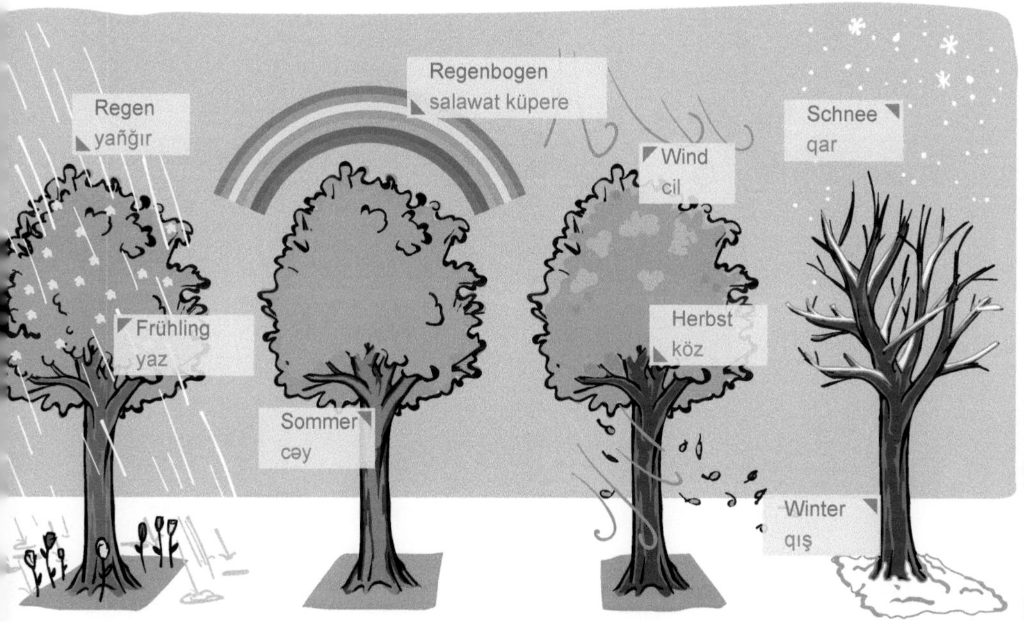

Regen
yañğır
Regenbogen
salawat küpere
Wind
cil
Schnee
qar
Frühling
yaz
Herbst
köz
Sommer
cəy
Winter
qış

4.APRIL 11°
5.APRIL 4°
6.APRIL 13°
7.APRIL 8°
8.APRIL 10°

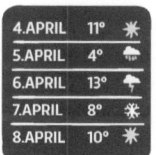

Wettervorhersage
hawa torışı

F C
120 90 60 30 0 -30
40 30 20 10 0 -10 -20

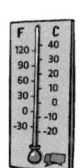

Thermometer
termometr

Sonnenschein
qoyaş yaqtısı

Wolke
bolıt

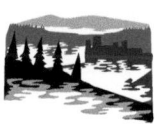

Nebel
toman

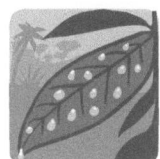

Luftfeuchtigkeit
dımlılıq

Blitz / yəşen

Donner / kük kükrəw

Sturm / dawıl

Hagel / boz

Monsun / musson

Flut / su basu

Eis / boz

Januar / Qırlaç

Februar / Aqman

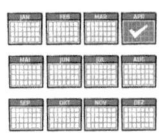

März / Buşay

April / Yañarış

Mai / Saban

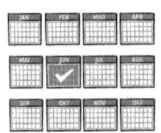

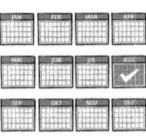

Juni / Çereşmə

Juli / Peçən

August / Uraq

Jahr - yıl

September
Indır

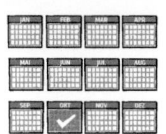
Oktober
Bilek

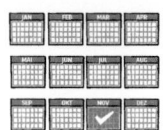
November
Qaraköz

Dezember
Kerəw

Formen
şəkellər

Kreis
tügərək

Quadrat
dürtkel

Rechteck
turıpoçmaq

Dreieck
öçpoçmaq

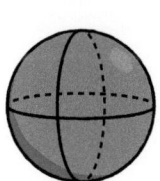
Kugel
körrə

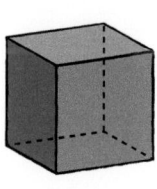
Würfel
kub

Formen - şəkellər

Farben
töslər

weiß
aq

gelb
sarı

orange
qızğılt sarı

pink
al

rot
qızıl

lila
şəməxə

blau
zəñgər

grün
yəşel

braun
körən

grau
sorı

schwarz
qara

Gegenteile
qapma-qarşılıqlar

viel / wenig
küp / az

wütend / friedlich
usal / tınıç

hübsch / hässlich
matur / yəmsez

Anfang / Ende
baş / axır

groß / klein
zur / keçkenə

hell / dunkel
yaqtı / qarañğı

Bruder / Schwester
abıy, ene / apa, señel

sauber / schmutzig
taza / pıçraq

vollständig / unvollständig
təmam / təmamlanmağan

Tag / Nacht
kön / tön

tot / lebendig
üle / tere

breit / schmal
kiñ / tar

genießbar / ungenießbar

aşarğa yaraqlı / aşarğa yaraqsız

böse / freundlich

yaman / yaxşı

aufgeregt / gelangweilt

dulqınlanğan / yalıqqan

dick / dünn

yuan / yabıq

zuerst / zuletzt

berençe / soñğı

Freund / Feind

dus / doşman

voll / leer

tılı / huş

hart / weich

qatı / yomşaq

schwer / leicht

awır / ciñel

Hunger / Durst

açlıq / susaw

krank / gesund

awıru / sələmət

illegal / legal

qanunsız / qanunlı

intelligent / dumm

aqıllı / aqılsız

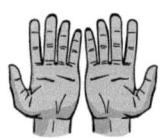

links / rechts

sul / uñ

nah / fern

yaqın / yıraq

Gegenteile - qapma-qarşılıqlar

neu / gebraucht
yaña / qullanılğan

nichts / etwas
hiçnərsə / nərsəder

alt / jung
ölkən / yəş

an / aus
abızdırılğan / sünderelgən

offen / geschlossen
açıq / yabıq

leise / laut
tawışsız / göreltele

reich / arm
bay / yarlı

richtig / falsch
döres / yalğış

rau / glatt
qıtırşı / şoma

traurig / glücklich
küñelsez / küñelle

kurz / lang
qısqa / ozın

langsam / schnell
aqrın / tiz

nass / trocken
dımlı / qorı

warm / kühl
cılı / salqın

Krieg / Frieden
suğış / tınıçlıq

Gegenteile - qapma-qarşılıqlar

Zahlen
sannar

0 null / sıfır

1 eins / ber

2 zwei / ike

3 drei / öç

4 vier / dürt

5 fünf / biş

6 sechs / altı

7 sieben / cide

8 acht / sigez

9 neun / tuğız

10 zehn / un

11 elf / unber

12	**13**	**14**
zwölf	dreizehn	vierzehn
unike	unöç	undürt
15	**16**	**17**
fünfzehn	sechzehn	siebzehn
unbiş	unaltı	uncide
18	**19**	**20**
achtzehn	neunzehn	zwanzig
unsigez	untuğız	yegerme
100	**1.000**	**1.000.000**
hundert	tausend	million
yöz	meñ	million

Zahlen - sannar

Sprachen
tellər

Englisch
inglizçə

Amerikanisches Englisch
Amerika inglizçəse

Chinesisch Mandarin
Mandarin qıtayçası

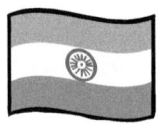
Hindi
hindi

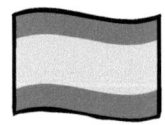
Spanisch
İspança

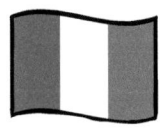
Französisch
Fransızça

Arabisch
Ğərəpçə

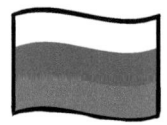
Russisch
Rusça

Portugiesisch
Portugalça

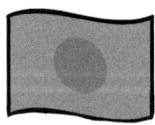
Bengalisch
Bengali

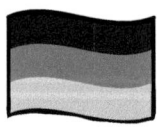
Deutsch
Almança

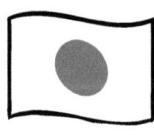
Japanisch
Yaponça

wer / was / wie
kem / nərsə / niçek

ich
min

du
sin

er / sie / es
ul / ul / ul

wir
bez

ihr
sez

sie
alar

wer?
kem?

was?
nərsə?

wie?
niçek?

wo?
qayda?

wann?
qayçan?

Name
isem

wo
qayda

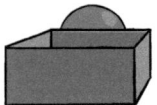

hinter
artta

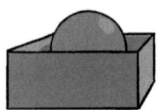

in
eçendə

vor
aldında

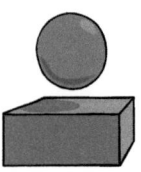

über
östendə

auf
östendə

unter
astında

neben
yanında

zwischen
arasında

Ort
urın